AF338890

LA SOLUTION

DE LA

QUESTION POLITIQUE

EN L'AN 1873

Par le Docteur VITTEAUT

De l'Académie de Dijon

Prix : **50 CENTIMES**

CHALON-s.-SAONE

DE L'IMPRIMERIE ET LITHOGRAPHIE DE J. DEJUSSIEU

Rue des Tonneliers, 5

—

OCTOBRE 1873

LA SOLUTION

DE LA QUESTION POLITIQUE

EN L'AN 1873

Il n'est point de problème qui soit plus à l'ordre du jour depuis bien longtemps déjà et qui importe tant à la vie des peuples que cette question du dénouement politique en France et dans certains états de l'Europe. On a dit qu'il n'y a rien de possible sous ce rapport parmi nous. Je réponds que ce qui est, est assurément possible ; or, ce qui est depuis le pacte de Bordeaux est bien la forme du gouvernement républicain ; donc la République qui a existé sous Thiers, qui existe sous Mac-Mahon, est possible. Ce que nous devons le plus à M. Thiers, et nous lui devons incontestablement beaucoup, c'est peut-être d'avoir accoutumé nos populations à se passer d'un prétendant quelconque et d'avoir ainsi contribué à acclimater le gouvernement de la République non-seulement dans notre pays, mais aussi dans les diverses chancelleries européennes. Encore quelques années d'une présidence provisoire ou mieux non provisoire, telle quelle ou mieux autrement, encore quelques efforts, quelques réflexions sages, du courage à froid, de la vraie vertu qui se possède, et nous arrivons dans la terre promise : l'avenir est assuré.

A chaque grande période de l'humanité il est une terre promise pour cette humanité, qui doit la conquérir au prix de bien des labeurs et de bien des sacrifices. On sait quelle fut cette terre pour ce peuple écrasé par la gigantesque oppression des rois de la vieille Égypte, sous quelle colonne lumineuse il marchait, quelle fut sa charte et quel a été son législateur.

Bien qu'exposé sur les bords du Nil, le libérateur de ce peuple fameux n'en conserva pas moins le gouvernement monarchique. La monarchie théocratique, tel était, et il devait en être ainsi après la phase patriarchale, le dernier mot de Moïse. Mais au-dessus de cette forme gouvernementale qui s'adressait à l'élément civil et en particulier au peuple hébreu, il y avait une autre loi, une autre charte, laquelle était tombée du mont Sinaï : j'ai nommé le décalogue. Le décalogue s'adressait à l'humanité tout entière ; il devait être et il devint en effet le code de l'humanité. Le décalogue a devancé et dominé la philosophie antique, et c'est à cette source que les plus grands penseurs de l'antiquité ont puisé ; il a devancé et dominé, comme il domine, la théologie, la science morale, la science sociale, la science économique, la science psychologique, la physiologie, l'hygiène, et il a été promulgué à une époque où il n'y avait ni science hygiénique, physiologique, psychologique, morale, ni science sociale, économique, ni science philosophique, religieuse. C'est grâce à cette charte que le peuple juif a pu l'emporter sur tous les autres peuples ; c'est sur les débris sublimes de ce code que se sont élevées tant de nationalités, qu'elles ont pu vivre, durer et rayonner de la vitalité, de la puissance dans le monde. Je ne connais point, en dehors de la loi évangélique, de loi plus profonde et en même temps plus sage et plus pratique que cette loi du décalogue, et, dans mes *Réflexions sur les causes de notre décadence adressées à M. Gambetta*, je n'ai pu m'empêcher d'appeler toute l'attention de ce politique sur chacun de ses préceptes, sur leur grande signification scientifique, sur leurs conséquences sociales surtout.

Le décalogue, après de longs siècles, il n'est plus que nominal, ou plutôt le matérialisme pratique s'est substitué à lui dans l'univers connu, quand apparaît un nouveau Moïse, plus sage, plus parfait que le premier, je veux parler du Christ.

Le Christ ne vient point pour abolir la loi du Sinaï, mais pour la perfectionner ; il ne vient point non plus pour fonder une société, un gouvernement politique : son objectif, et son objectif en quelque sorte exclusif, est la conscience, l'âme de l'humanité. Le Christ est le grand Législateur de la loi morale sous l'ère nouvelle au même titre que le Jehovah du Sinaï l'était sous l'ancienne ; c'est en cela qu'il se distingue de Moïse, lequel était un conducteur de peuple, et partant et nécessairement un homme politique. Il est si vrai, contrairement à certains écrivains de nos jours et à ses contemporains, les privilégiés, qui n'étaient pas des plus clairvoyants, que le Christ n'a été qu'un législateur de l'ordre moral, qu'il s'est attaqué avant tout à l'âme humaine, qu'il s'est donné pour mission de la ramener à son type en lui offrant les moyens qu'il lui apportait, qu'il déclare lui-même que son royaume n'est point de ce monde, et qu'il livre les choses de ce monde, la politique, la science, la philosophie, tout ce qui est du ressort de la raison pure, de l'intellect, à la raison elle-même et à la dispute des savants.

Ainsi le Christ, dans les temps nouveaux de l'humanité, après les patriarchats, après les gouvernements théocratiques, après les gouvernements monarchiques, après les quelques rares républiques qui avaient tenté de s'implanter sur la terre, est loin de se prononcer comme le législateur hébreu; mais de ce que lui, le Christ, il juge à propos de naître dans une étable au sein de la pauvreté, de ce que lui, le Christ, il se soumet durant trente ans à la loi austère du travail manuel, de ce que lui, le Christ, il incline du côté de ceux qui souffrent, de ce que lui, le Christ, il prêche l'égalité devant le Père qui est Dieu, la liberté devant les puissances de la terre, la liberté morale, la fraternité ou la charité dans les cœurs au centre de l'amour de Dieu, de ce que lui, le divin Fils du charpentier, en un mot, il prêche la justice, la vraie justice, la justice pour les grands, les petits, la justice pour tous, il est incontestable que sa doctrine, examinée sans passion, sans idée préconçue, sans aucun mobile d'intérêt d'aucune sorte, s'adapte de préférence à la démocratie. Je ne prétends point qu'elle soit incompatible avec les monarchies, surtout quand on la trouve à la base ou qu'on trouve quelque chose d'elle à la base de ces monarchies, pour suppléer à ce qui leur fait défaut; mais ce que je prétends, et l'on ne s'y méprenait point dans les premiers siècles des âges chrétiens, c'est que son esprit se concilie mieux avec les gouvernements démocratiques. Qu'on y réfléchisse un peu, et si l'on considère le pourquoi les docteurs de la loi, les princes des prêtres, les pharisiens, tous les politiques du temps ont fait périr Jésus, le genre de supplice qu'ils lui ont infligé, les foules qu'il entraînait sur ses pas, quels hommes étaient ses disciples, comment et avec qui il institua son Église, les oppositions, les immolations, les martyres qu'elle subit de la part des tyrans, des empires, des royautés; si l'on considère surtout ses résultats immédiats : la réhabilitation de l'espèce humaine, son affranchissement de l'esclavage, la transformation du vieux monde, du monde de la force savamment et puissamment organisé en un monde nouveau, on arrive à cette conclusion rigoureuse, à savoir: qu'elle renferme dans son fond éminemment spiritualiste quelque chose d'essentiellement populaire, d'essentiellement anti-despotique, d'essentiellement démocratique et social, qui doit être la base de tout gouvernement démocratique, d'où la démocratie vivante, la vraie démocratie doit sortir, dériver, comme découle de la morale toute politique humaine. La politique a ses racines dans la morale absolue, la morale naturelle, divine, qui remonte au Sinaï par le Calvaire ; celle-ci est son antécédent, comme la vraie démocratie, la sage démocratie a pour antécédent la doctrine évangélique.

Et tout cela est si vrai encore que les institutions établies par le Christ pour pénétrer les sociétés humaines de son esprit, pour les féconder de son souffle divin, pour entretenir des rapports intimes avec elles, étaient et restent foncièrement des institutions démocratiques. L'Église, en effet, comme on l'a dit, n'est avant tout qu'une république chrétienne, là plus parfaite des républiques ; elle fonctionne à l'instar des républiques, elle se renouvelle dans son chef suprême, comme elle se renouvelait à d'autres âges dans ses principaux représentants par l'élection, c'est-à-dire par le principe sur lequel s'appuie la république, et que condamne la royauté d'une manière générale. C'est par l'élection qu'on a vu des artisans, des gardeurs de pourceaux s'élever au suprême pontificat et illustrer d'une gloire incomparable l'Église universelle, comme on voit dans l'ordre civil et politique, aux États-Unis d'Amérique, un simple bûcheron, un tailleur, arriver à la magistrature suprême et ne point, tant s'en faut, la déshonorer, comme on avait vu dans les républiques de l'antiquité des hommes modestes quitter la charrue pour le gouvernement de la chose publique, et réciproquement. L'Église donc sous l'inspiration de son Fondateur, n'a point cessé, pour la représentation de son pouvoir suprême et sa perpétuité, d'appliquer cette parole d'Alexandre-le-Grand : *au plus digne ;* il y a plus, aux époques de son ascendant moral sur le monde, on l'a vue briser à la fin de la première race de nos rois le principe d'hérédité, comme on l'a vue plus tard déposer des monarques indignes d'après elle, et, chose remarquable et bien conforme à la logique, les républiques qui n'avaient fait que paraître à titre d'exception sur le sol durant les quatre mille ans qui précédèrent Jésus-Christ, depuis le Christ ces mêmes républiques s'implantent, elles fleurissent dans notre vieux continent, elles se multiplient surtout dans le Nouveau-Monde imprégné de l'esprit de ses missionnaires, elles tendent à se généraliser partout, et elles se généraliseront si l'esprit du Christ revient et n'est point étouffé par les gouvernements et par ceux-mêmes qui doivent le plus le manifester, le manifester officiellement.

Cela posé, et je défie qu'on le conteste, puisque je m'appuie sur cette grande institutrice, l'histoire, puisque je me fonde non-seulement sur la théorie, mais sur l'expérience, qui nous enseigne également qu'il ne saurait y avoir aucune société sans Dieu, sans religion, la religion étant la base de la morale, laquelle est la base de la politique, quel est l'avenir de notre pays comme gouvernement et comme nationalité? Quel est l'avenir de la fille aînée de l'Église, de cette France privilégiée depuis bien des siècles dans le concert des nations, qui a été leur centre lumineux, et qui, si elle disparaissait, produirait dans le monde social ce que produirait la disparition de la lumière physique dans le monde physique?

Devons-nous avoir la royauté héréditaire ?

Celui qui la représente se pose comme principe de gouvernement ; il en est, selon lui, l'alpha et l'oméga. Loin de moi la pensée d'admettre qu'il est indigne de régner ; mais sur qui ou sur quoi s'appuiera sa royauté? Sur les évêques, comme dans les premiers siècles de la monarchie, lesquels ont si puissamment contribué à la fonder, à la consolider, à la développer? mais leur puissance est nulle aujourd'hui. Sur les assemblées provinciales et sur les États généraux? mais on sait ce qu'ils ont produit sous Louis XVI , quand on a les ressuscités, et ce qu'ils produiraient de nos jours. Sur la noblesse et le clergé? mais comme corps politiques de l'État ils n'existent plus. Sur la Papauté? mais elle est aux abois comme puissance temporelle ; son ascendant moral a cessé d'être, et d'ailleurs elle aurait mauvaise grâce à soutenir l'hérédité quand elle est le produit de l'élection. Sur la Religion? mais si c'est réellement la religion du Christ, elle n'est point favorable à la monarchie; elle se compromet en soutenant les monarchies qui tendent à l'exploiter, à l'absorber, et qui l'absorbent. Depuis Louis XIV la Religion catholique a bien à se défier en France, en Autriche, comme ailleurs. Si ce n'est point avec la Religion et avec tout ce que nous venons d'énumérer , ce sera donc avec les principes de 89? mais, nous l'avons écrit dans notre *Problème politique*, il est impossible, et c'est un fait d'expérience, de restaurer avec ces principes une puissance monarchique quelconque, ces principes étant la condamnation, le coup de grâce du principe monarchique, le débordant nécessairement. Qu'on maintienne en effet cette seule et unique chose, et elle est acquise à jamais, l'égalité devant la loi, qui date de cette époque, et l'on tentera vainement de refaire la monarchie, comme on l'a essayé si souvent dans moins de quatre-vingts années ; on roulera de révolutions en révolutions. Le représentant de la légitimité raisonne en politique comme sur une ligne droite géométrique qui doit s'étendre à l'infini; Dieu dont il parle sans cesse a beau l'avertir qu'elle est brisée, sa ligne à lui, comme celle de tant d'autres, et qu'il est de toute impossibilité de faire remonter le fleuve à sa source; il n'entend et ne veut rien entendre. Au lieu de le voir se cramponner comme il le fait et s'immobiliser dans le passé avec des idées de grandeur qui n'excluent pas sa grandeur personnelle, avec des idées de générosité qui ne font point taire son intérêt individuel, j'aimerais mieux le voir aspirer à être purement et simplement citoyen libre de la France libre.

Si la royauté héréditaire est de toute impossibilité, sera-ce la royauté mixte, celle de 1830, qui reviendra et mènera la France à ses futures destinées? Par une inconséquence et un défaut de logique extraordinaires, cette royauté a voulu s'appuyer sur les principes de 89, et nous avons vu à quoi elle a abouti. Je ne voudrais point ici faire de personnalité, mais malheureusement je ne puis ne pas constater que cette royauté a singulièrement contribué à matérialiser mon pays, à le plonger dans l'égoïsme de toute nature, et quand dans ces derniers moments il avait à payer sa rançon de cinq milliards, j'ai vu avec douleur les bénéficiaires de 1830 accepter de ce pays une somme de cinquante millions. Une pareille royauté se jugule elle-même, elle est jugée, elle n'est point digne de gouverner la France.

Si ce n'est ni la royauté légitime, ni la royauté bâtarde, comme on l'a dit, la royauté constitutionnelle, qui n'est ni la république ni la monarchie héréditaire, mais le passage de celle-ci à celle-là, sera-ce la fusion? mais on ne fusionne pas ce qui de soi est incompatible, irréductible, et puis la fusion conduit à la monarchie, laquelle n'a plus sa raison d'être.

Sera-ce donc l'empire qui reprendra le gouvernement de mon pays, en comblant les abîmes qu'il a creusés, les ruines qu'il a amoncelées, les hontes qu'il a engendrées, l'empire avec le vote plébiscitaire? ce serait le vœu du prince de Bismark, et l'on conçoit pourquoi il voudrait cette restauration impériale. Si le suffrage universel devait encore, dans un jour d'abattement, de désarroi, de délire, consacrer une quatrième fois cette forme de gouvernement, cet empire faussement démocratique, il faudrait se voiler la face et écrire ces mots sur le journal officiel de l'Europe : *La France a été*. En effet, si la France est encore debout, ce n'est point la faute des Napoléon, car ils auraient pris à cœur de tarir toutes les sources de sa puissance qu'ils n'auraient pas mieux agi. L'un l'avait saignée à blanc sur les champs de bataille; il s'était attaqué à tout ce qu'il y avait d'intelligent, d'indépendant, de juste, de philosophique, de religieux, et, après l'avoir étourdie du bruit de sa gloire, il avait abouti avec elle à Waterloo. Pseudo-démocrate, fils insensé de 89, il avait voulu dans son orgueil s'envelopper du manteau impérial et arrêter à son profit, par un système qui n'était rien moins que franc, le grand courant des idées du temps. L'autre, le neveu, il avait commencé par le grand crime du 2 Décembre, et il a fini par un crime inouï, celui de livrer avec quatre-vingt mille hommes la France à Sedan. Conspirateur incessant il a été, parjure il a été, matérialiste pratique il a été, franc-maçon il a été, contempteur du droit il a été, flatteur des masses, terreur parfois et calculée des riches il a été, machiavéliste, pondérateur, équilibriste il a été, amateur de luxe et de jouissances il a été, dissipateur des deniers publics il a été, protecteur et complice des bandits il a été, des négateurs, des niveleurs, des roués, fou de la vaine gloire, ridicule imitateur des traditions avunculaires, comme son oncle exploitant mon pays au profit de sa personnalité, se jouant de la conscience humaine, de Dieu, de la papauté, il n'y a pas un potentat qui ait tant avili la France et qui, moralement parlant, l'ait fait descendre si bas. Je conçois qu'on puisse se dire légitimiste, royaliste, par culte des souvenirs et par le cœur, et j'honore celui qui se dit tel ; je conçois même qu'on puisse s'avouer socialiste, car il peut y avoir dans un socialiste des idées ultra-généreuses ; mais après Sedan, ou plutôt après cette série de Waterloo que j'avais prédite en 1869 dans mon *Problème politique*, après tous ces désastres dans toutes les directions, quand la plaie de la France amputée, réduite, saigne encore, quand ses ruines sont encore fumantes, je ne comprends pas qu'on ose se dire bonapartiste.

Si ni l'empire ni la royauté ne peuvent régir la France, ce sera assurément la démocratie ardente, radicale qui aura cette mission ? Cette démocratie, elle, pose à sa base la négation de Dieu, et, je l'ai écrit encore, la *démocratie athée est la pire des choses*. L'athéisme étant le néant, quand on veut édifier sur le néant on n'élève rien ; l'athéisme est moins que le néant, c'est le dissolvant le plus grand des sociétés humaines. D'ailleurs, M. Gambetta l'a déclaré, on ne peut gouverner sans les conservateurs, et le radicalisme exclut les conservateurs, il en veut aux conservateurs. C'est parce que M. Thiers a voulu ménager le radicalisme qu'il est tombé. Le radicalisme était menaçant sous M. Thiers ; il triomphait à Paris avec M. Barodet, et c'est parce qu'il allait déborder sur la France envers et contre M. Thiers, que ceux qui ont fait le 24 mai sans renverser la république et pour se débarrasser avant tout des menaces du radicalisme, trouveront non-seulement justification, mais reconnaissance des bons citoyens. Ceux-là auront bien mérité de la patrie, comme M. Thiers lui-même avait bien mérité, si leur conduite ultérieure justifie leur mesure, et s'ils nous conduisent, ou seulement contribuent à nous conduire là où il nous faut enfin arriver, à cette terre promise de la démocratie raisonnable, conservatrice, religieuse.

C'est dans cette démocratie-là et rien que dans cette démocratie-là que sera le salut; qu'on cesse de le poursuivre ailleurs; ailleurs il n'est pas. La démocratie religieuse, c'est la nécessité des temps actuels et futurs; c'est la dernière formule politique qui doit régenter le monde; c'est l'accord de la raison humaine avec la raison de Dieu. *89 est l'expression de la plus haute raison, mais 89*, comme je l'ai dit encore, *est la preuve expérimentale de ce que devient cette raison humaine quand elle fait acte de scission avec la Raison divine.* La démocratie religieuse, elle, sera non-seulement l'accord entre la raison philosophique, historique, politique, mais encore entre la raison scientifique et la raison manifestée par le Christ et par l'antique Dieu du Sinaï, qui n'a jamais cessé d'être le père de la science, la Science absolue, qui en résume les grandes lois dans sa profondeur.

Il fut un moment où l'on avait pu croire que du haut du Vatican cette démocratie religieuse, cette démocratie que ne désapprouverait point le Christ, serait proclamée; c'était aux jours où le vertueux Pie IX éleva la voix pour l'affranchissement de l'Italie. Ces jours sont loin de nous, et depuis ce temps la Papauté, au point de vue politique, s'est lancée dans une autre voie. Peut-être qu'elle aura pour excuse devant l'histoire le crime commis sur l'un de ses ministres par la démagogie. Nous n'arriverons jamais par le crime! Peut-être aussi, et c'est rationnel, qu'elle pourra dire que sa mission doit cesser d'être une mission politique et qu'elle n'avait pas à tirer l'épée pour s'affranchir, pas plus qu'elle n'avait le droit de la tirer pour s'agrandir dans les siècles passés. Une chose que la Papauté devrait proclamer, si j'en crois le sens commun, et qui lui gagnerait les sympathies des peuples, qui tendrait à leur moralisation, qui rehausserait le clergé catholique, c'est le renoncement, non pas à Rome comme capitale de la catholicité, non pas aux moyens matériels d'être libre, il lui faut ces moyens pour son indépendance spirituelle, comme il faut au dernier desservant, le casuel aboli, des moyens matériels suffisants pour la liberté de son ministère, ce serait le renoncement à cette royauté temporelle, qui cadre si peu avec les idées, la doctrine et la vie tout entière du divin Maître. La royauté temporelle, ou si l'on veut le pouvoir temporel des papes, c'est le ver rongeur du catholicisme. La Papauté y a pris goût, elle a été amenée à mettre la main par là dans les affaires de ce monde; elle a par là, sans s'en douter, contribué le plus puissamment à matérialiser la plus immatérielle des religions, et c'a été pour elle, et ce devait être pour elle, *a priori*, un germe de mort.

Et quand je parle ainsi, moi qu'elle a béni dans mon travail *la Médecine dans ses Rapports avec la Religion*, qu'on ne croie point que ce soit pour lui faire de l'hostilité ; un fils ne fait point d'hostilité à sa mère, surtout quand elle est sous le coup de l'adversité ; c'est pour me rapprocher avec elle du sens évangélique, pour lui signaler ou plutôt pour lui soumettre avec cet élément de salut, le seul peut-être pour elle, tout le parti qu'elle pourrait tirer si elle se démocratisait, le rôle immense qu'elle exercerait si, cessant d'être une royauté temporelle, elle offrait ses divines ressources aux démocraties existantes et à celles qui essaient de s'établir. Ce serait le grand, l'unique moyen d'arracher les peuples à ces religions d'État qui les asservissent dans tout le nord de l'Europe et dans certaines autres contrées du globe. Elle deviendrait ce qu'elle serait devenue vers 1859 si, au lieu d'un empereur, nous avions eu en France un président de république ; elle serait, dans la Ville éternelle, le centre moral d'une confédération républicaine en Italie, en France. en Espagne et dans d'autres pays ; elle serait le centre moral de la démocratie européenne universelle, et cela sans s'immiscer en rien dans la politique des États. C'est avec elle alors qu'on pourrait faire véritablement de l'ordre moral, parce qu'elle représenterait vraiment, exclusivement le Christ, et qu'on serait à même de réduire pour longtemps et les menées de l'*Internationale rouge* et celles de l'*Internationale blanche*, laquelle, et j'en sais quelque chose, est capable, comme l'autre, mais plus hypocritement, de remettre à mort et de recrucifier Celui dont je suis le disciple.

La démocratie religieuse en France, elle, dirait : *L'église libre avec les moyens de l'être dans l'état libre qui les garantit*, et tout en se séparant d'elle dans le gouvernement des choses d'ici-bas, en disant à l'évêque d'être et de rester évêque, au curé d'être curé, elle ferait avec elle une alliance rationnelle, elle l'honorerait et en serait honorée.

Respectant la liberté de conscience, la liberté de penser, comme il est dans l'essence des choses et comme Dieu la respecte, cette démocratie, elle, ne souffrirait pas qu'on portât atteinte à la conscience publique par des paroles et par des écrits contre la religion catholique et contre tout ce qui touche aux choses religieuses, et, sans faire ce que l'on faisait sous les républiques de l'antiquité, du moment qu'il y aurait délit, elle condamnerait à l'ostracisme des emplois publics tout citoyen qui se permettrait publiquement d'insulter la Religion, Dieu et ses ministres.

Chose incroyable et qui prouve l'aveuglement de certains esprits ! Louis

Bonaparte a fait pour s'en servir l'unité italienne, et nos démocrates ont poussé à l'unité par haine pour la Papauté, comme ils exaltent le gouvernement de Frédéric Guillaume quand il prend à tâche d'exterminer le catholicisme en Italie, en Allemagne et jusqu'en France, tandis que, même au point de vue politique, il serait si avantageux de rallier toutes les forces catholiques, de les démocratiser, et de les opposer avec une Papauté transformée politiquement aux despotismes italien, espagnol, germanique, autrichien, moscovite, à tous les despotismes qui affligent encore l'espèce humaine.

La démocratie religieuse, elle, conservera en principe le suffrage universel, mais elle ne peut ne pas l'épurer, le réglementer. Au-dessus du suffrage universel est la justice absolue, Dieu, comme au-dessus de ce suffrage est la justice civile, politique ou relative dont la république est la plus pure expression. Donc, dans une démocratie religieuse, il doit être interdit, même de par le suffrage universel, de porter la main sur ces deux choses : la religion d'une part, la constitution politique de l'autre.

Cette démocratie, elle, relèvera les lettres, les lettres qui sont tombées si bas sous l'Empire, la littérature d'un peuple étant le thermomètre de sa prospérité ; elle ne cessera de favoriser les arts et les sciences, toutes les sciences, mais en les avertissant de ne point aboutir, comme elles l'ont fait sous des régimes corrupteurs, à des systèmes matérialistes qui déshonorent l'humanité et perdent les peuples. Le matérialisme n'a jamais été le signe distinctif du génie, et en indiquant cette direction aux savants, à nos analystes, qui assurément sont habiles, très-habiles, mais qui ne sont pas de très-grande taille, elle sera loin de les abaisser, elle les élèvera au contraire en dirigeant leur pensée vers les lois de la nature après la découverte des faits scientifiques, et, en les amenant à reconnaître ainsi la Cause première des phénomènes, elle aidera à reconstituer la philosophie des sciences qui fait éclipse de nos jours.

Cette démocratie, en face des hostilités toujours debout, des combinaisons, des calculs de la force, elle, se mettra en devoir de résister aux engins nouveaux, aux stratégies nouvelles. En l'an de grâce 1870 et sous l'empire du neveu, qui comptait sur la légende napoléonienne, sa fortune et son destin plus encore que sur son génie, nous étions bien arriérés dans l'art de la guerre, et M. Thiers lui-même, malgré toute l'étendue de ses connaissances, était attardé de quelques cinquante ans. Elle adaptera donc son artillerie aux besoins nouveaux ; elle la perfectionnera, et si notre frontière de l'est est ouverte, elle saura avec notre marine y suppléer par des diversions sérieuses, elle saura utiliser certaines positions qui dominent nos cités, nos têtes de ligne ferrée; elle saura mettre à profit, et cela sans trop de frais, certains plateaux, certains mamelons, en faire autant de forteresses inexpugnables en cas de besoin, et elle préparera d'avance des voies particulières dans le but de les ravitailler, si ces forteresses naturelles étaient un jour assiégées. Là, dans une république où chaque citoyen peut être appelé et doit être appelé à prendre un fusil, il y aura inévitablement une ardeur nouvelle, une émulation nouvelle, un courage et des héroïsmes nouveaux, et si la France est attaquée de n'importe quelle part elle saura se montrer.

Cette démocratie, elle, fera appel à la science économique dans ce qu'elle a de positif et de réellement profitable et pratique, et sous ce rapport elle laissera bien plus encore en arrière le ministre rival des Guizot, des Molé avec sés obstinations, et, disons le mot, avec sa vieille routine. Si la science médicale, par exemple, avec ses analyses et ses investigations poursuit tous les mauvais effets de l'alcoolisme; si, les faits en main, elle déclare que l'abus des alcooliques engendre l'épilepsie, la chorée, l'hystérie, la chlorose, l'aliénation mentale, le *delirium tremens* et le reste, si elle fait voir que dans la descendance immédiate des alcoolisés il y a des produits déplorables, des vices de nutrition; si, en un mot, la science prouve que l'abus des substances alcooliques fait descendre rapidement la santé générale et par conséquent la race humaine; et si, d'un autre côté, tandis que le gouvernement prend des mesures, édicte des lois contre l'alcool et l'alcoolisme, taxe les produits alcooliques, un ministre des finances réclame contre de telles mesures, par la raison qu'elles creusent un vide dans les caisses de l'État, la démocratie religieuse, qui veut avec la vigueur des caractères la vigueur du corps, qui ne fait point comme ces gouvernements d'expédient qui se souciaient de la race ovine, bovine et porcine, mais très-peu de la race adamique, qui se moquaient de sa santé physiologique comme de sa santé morale, qui faisaient tout au contraire par la sensualité, les spectacles, le vin, les femmes, pour abâtardir l'une et l'autre, préoccupés qu'ils étaient néanmoins de remplir leur déficit, cette démocratie aura à cœur de créer des ressources nouvelles, équitables; elle ne craindra point d'imposer le capital, que des intéressés n'ont jamais voulu atteindre, et en imposant le capital elle le fera refluer sur les départements avec des populations qui le suivaient dans les grands centres, et par cette honnête décentralisation elle aura fait beaucoup pour la cause de l'ordre et de la morale publique.

Non contente de répandre le capital partout, de le disséminer partout au moyen de la vapeur et de l'électricité, cette démocratie sagement progressive et réellement scientifique, savante, elle, répandra partout les produits de la terre et de l'industrie. Ces produits circuleront comme les idées, et ainsi tombera plus d'une barrière, et ce bien-être *matériel et moral* tant vanté cessera d'être, autant qu'il se peut dans l'humanité, une fiction, une déception pour les peuples.

Cette démocratie, elle, sera d'autant plus rigide qu'elle accordera à chacun plus de droits, et chacun se sentant plus homme dans un pareil état, la force de l'ensemble ne sera plus une force galonnée, de surface, mais une force effective, immense.

Elle aura, cette démocratie, à la tête du gouvernement un président de république pour dix ans, avec deux chambres qui délégueront à ce président le pouvoir qu'elles tiendront de la nation en vertu du suffrage universel.

Cette démocratie, elle, respectera les titres acquis, les propriétés ; elle admettra comme dans celle de M. Gambetta des supériorités intellectuelles, et elle ne traitera point la vertu à l'égal du vice, le mérite à l'égal du démérite, le travail à l'égal de l'oisiveté. Elle fera appel à toutes les énergies, à toutes les intelligences, à toutes les convictions, et, bien entendu, elle n'exclura pas les convictions républicaines. Chacun dans cette république aura droit aux emplois publics, et même à la magistrature suprême, depuis le simple soldat jusqu'au général, depuis l'homme des champs jusqu'à l'homme de lettres, depuis le pauvre artisan jusqu'au millionnaire, mais avec cette condition essentielle que chacun en sera digne par sa valeur personnelle, ses travaux, ses études, ses méditations, car il faut avoir bien étudié, bien médité pour oser gouverner les hommes, pour être appelé à les gouverner et pour pouvoir les gouverner.

Ou bien la France, mon pays, sera avec une telle démocratie, ou bien elle cessera d'être sans elle ; mais pour être et devenir ce qu'elle doit être en Europe et dans le monde, il faut, d'une part, immoler sur l'autel de la patrie et sous l'œil de Dieu ses préjugés, ses terreurs, ses rivalités, ses compétitions malsaines et ses égoïsmes inconscients ; de l'autre part, ses déraisons, ses aspirations insensées, ténébreuses, ses audaces impies contre le Christ et l'humanité. Cet acte viril, ce grand acte d'immolation est bien difficile, j'en conviens ; mais ne point le faire c'est abdiquer, c'est se consumer dans des discussions stériles, c'est déserter la vertu, c'est se suicider. Et puis, pourquoi ne le dirais-je pas ? quand je vois à la tête des affaires un homme qui a étudié les grandes questions à la source de l'histoire,

comme son père, quand je le vois le premier parmi les ministres le fils de
ce père qui se livrait aux plus sérieuses pensées de philosophie politique,
travaillait et veillait pour son pays, tandis que ses collègues faisaient
l'assaut de la présidence ministérielle plutôt dans leur intérêt que pour la
gloire et le profit de la France ; quand au sommet du pouvoir actuel je
vois un homme de guerre qui n'a jamais été vaincu, qui eût passé s'il eût
eu vingt-cinq mille hommes de plus dans cette néfaste campagne avec
l'Allemagne, dont la loyauté est à l'épreuve, ainsi que le patriotisme, dont
la foi simple et robuste est trempée comme son épée, dont le bon sens est
connu, je me rassure, et, bien que je place beaucoup plus haut les principes
que les hommes, je me rallie à de tels hommes ; je ne puis m'empêcher de
préférer le bon sens, la foi religieuse, le patriotisme, la loyauté, la
vaillance, l'instruction sérieusement honnête, à ces génies réels ou factices,
à ces talents sceptiques, qui ne croient à rien, si ce n'est à leur infaillibi-
lité propre, travaillant avant tout pour eux, qui parfois sont parjures et
qui ne sont pas toujours vaillants ; je préfère de tels hommes, s'ils préfèrent
la démocratie pour le salut de mon pays ; et enfin quand je réfléchis aux
destinées de la nation du Christ, aux destinées de cette France qui est
encore vivante malgré tout, à tout ce qu'elle est capable de faire pour
l'humanité, si elle se rapproche du Christ et si le Christ se rapproche
d'elle par son esprit, par son Église régénérée démocratiquement, j'ai lieu
d'espérer ; oui, j'ai le droit d'espérer, et malgré toutes les douleurs, tous
les périls de l'heure présente, tous les nuages qui sont dans l'athmosphère
et qui s'accumulent dans certaines régions, mon regard se dirige vers
l'avenir, je fais des vœux et j'espère.

Saint-Dezert (Saône-et-Loire), le 2 octobre 1873.